Smalltalk Training

Wie Sie leichter Freunde finden, neue Leute kennenlernen und mehr Selbstbewusstsein ausstrahlen

Felix König

1.Auflage 2015

ISBN: 1514287323
ISBN-13: 978-1514287323

HAFTUNGSAUSSCHLUSS

INHALTSVERZEICHNIS

KAPITEL 1

SMALLTALK – EINE WICHTIGE FÄHIGKEIT

Hallo ich heiße Felix König und als allererstes möchte ich mich bei Ihnen dafür bedanken, dass Sie „Smalltalk Training: Wie Sie leichter Freunde finden, neue Leute kennenlernen und mehr Selbstbewusstsein ausstrahlen" gekauft haben.

Dieses Buch enthält bewährte Methoden und Techniken, mit denen Sie Ihre Smalltalk-Fähigkeiten im Handumdrehen auf ein praxistaugliches Niveau bringen können. Smalltalk ist eine äußerst wichtige, aber häufig stark unterschätzte Fähigkeit. Viele Menschen glauben, dass Smalltalk nur oberflächliches und sinnfreies Gerede ist. Die Wahrheit ist jedoch, dass Smalltalk dabei hilft, neue Leute kennenzulernen und echte Freunde zu finden. Außerdem kann nur durch Smalltalk auch ein gesundes Netzwerk im Geschäftsleben entstehen. Smalltalk hilft Ihnen dabei, Ihr Gegenüber von sich zu überzeugen und immer einen guten Eindruck zu hinterlassen. Machen Sie also nicht den gleichen Fehler, wie die meisten Menschen, die diese leichte Art der Konversation unterschätzen.

Kennen Sie diese oder ähnliche Situationen: Sie haben einen neuen Job und gehen mit den neuen Kollegen in die Kantine. Sie setzen sich alle gemeinsam an den Tisch und Sie kommen sich vor wie der letzte Idiot. Warum? Weil Sie überhaupt nichts zum Gespräch beitragen können und eventuell, durch die Unsicherheit der Kollegen wegen des neuen Mitarbeiters, generell peinliche Stille am Tisch herrscht. Sie werden immer angespannter und überlegen sich, wie Sie nun irgendwie ein nettes Gespräch zustande bringen und die Leute am Tisch von sich überzeugen können. Doch Ihnen fällt nichts ein... Sie fragen sich: „Worüber rede ich denn jetzt bitte mit Menschen, die ich nie zuvor gesehen habe?“

Wenn Sie diese oder ähnliche Situationen bereits am eigenen Leibe erlebt haben, ist dieses Buch genau das Richtige für Sie. Sie werden in den folgenden Kapiteln Schritt für Schritt lernen, wie Sie mit Menschen ins Gespräch kommen und wie Sie dieses am Laufen halten. Ich werde Ihnen beibringen, welche Grundregeln es zu beachten gibt und wie Sie die

Reaktionen Ihres Gegenübers richtig deuten, um das Gespräch richtig zu lenken. Außerdem werden Sie erfahren, wie Sie den Zeitpunkt erkennen, zu dem Sie das aktuelle Thema wechseln oder das Gespräch sogar beenden sollten und wie Ihnen das auf geschickte Art und Weise gelingt. Mit den Lektionen, die Sie in „Smalltalk Training“ lernen werden Sie endlich in der Lage sein, Ihre Hemmungen zu überwinden und jederzeit die richtigen Worte zu finden.

Übung macht hierbei, wie bei den meisten Dingen, den Meister, weshalb ich die Tipps in diesem Buch so praxisnah wie möglich vermitteln werde. Wenden Sie diese in Ihrem alltäglichen Leben an und erlernen Sie endlich die Kunst des Smalltalks. Lassen Sie uns im nächsten Kapitel direkt mit einer kleinen Einführung starten. Hier werden Sie als allererstes die Struktur des erfolgreichen Smalltalks kennenlernen.

KAPITEL 2

VON DER KUNST DES PLAUDERNS

Als Smalltalk wird im Allgemeinen ein unverbindlicher Gesprächsaustausch über belanglose Themen bezeichnet. Diese „kleinen Unterhaltungen" sind ein sehr bedeutender Bestandteil des modernen und sozialen Kommunikationsverhaltens und können im privaten oder beruflichen Leben zum Türöffner werden. Oft findet man den Smalltalk am Anfang von vielen bedeutenden Beziehungen die oft über Jahre hinweg gepflegt und geschätzt werden. Zudem wird mit einer lockeren Plauderei gekonnt eine peinliche und erdrückende Stille verhindert, dies wiederum führt zu einer besseren und positiveren Gesamtatmosphäre. Außerdem haben Forscher während einer Studie belegen können, dass eine kleine Unterhaltung zwischendurch unser Allgemeinbefinden beeinflussen kann. So sorgt schon ein belangloser Wortwechsel beim wöchentlichen Einkauf für mehr Punkte auf unserer Zufriedenheitsskala.

Es ist also sehr wichtig die Kunst des kurzen und belanglosen Gesprächs zu beherrschen und zu wissen diese richtig und geschickt einzusetzen. Es verhält sich hier wie mit nahezu allem: Smalltalk kann man lernen und vor allem üben.

Egal ob Sie neue Bekanntschaften machen, Ihre Kundenbeziehungen ausbauen oder einfach ein nettes Gespräch um seiner selbst willen führen möchten, Smalltalk erfolgt in jeder Situation in vier grundlegenden Schritten:

Schritt 1: Das Eis brechen

Der erste Schritt ist die Kontaktaufnahme zu einer Person. Sie müssen auf irgendeine Weise das Gespräch beginnen. Dieser Schritt fällt den meisten Menschen sehr schwer, da diese zu viel Angst davor haben, auf Ablehnung zu stoßen. Die Wahrheit ist jedoch, dass die meisten Menschen Ihren freundlichen Kontakt auch erwidern. Scheuen Sie sich also nicht, auf unbekannte Personen zuzugehen und diese in ein Gespräch zu verwickeln.

Schritt 2: Das Gespräch zum Laufen bringen

Im nächsten Schritt versuchen Sie das Gespräch zum Laufen zu bringen. Sie versuchen an die Gesprächseröffnung anzuknüpfen und diese in eine

Konversation zu verwandeln.

Schritt 3: Den Smalltalk warm halten

Sobald Ihnen die Überleitung in eine Konversation gelungen ist, müssen Sie das Gespräch „warm halten". Jeder kennt diese Momente, in denen peinliches Schweigen die anfänglich aufgebaute, positive Stimmung wieder zunichtemacht. Das möchte man natürlich unbedingt vermeiden.

Schritt 4: Das Gespräch beenden

Egal wie positiv das Gespräch verlaufen ist, irgendwann geht einfach der Gesprächsstoff aus. Daher ist es ab einem bestimmten Zeitpunkt sinnvoll, schon vorher die Reißleine zu ziehen und das Gespräch geschickt zu beenden.

Zu jedem der vier Schritte werden Sie an einer späteren Stelle im Buch noch mehr erfahren. Dies soll Ihnen lediglich schon einmal als Überblick über die notwendigen Schritte des erfolgreichen Smalltalks dienen.

Selbstverständlich gibt es beim Smalltalk einige grundlegende Regeln, welche Sie unbedingt beachten sollten. Diese werden wir im nächsten Kapitel näher behandeln.

KAPITEL 3
GRUNDREGELN DES SMALLTALKS

Egal wo, wann und mit wem Sie Smalltalk führen, es gibt dabei einige Grundregeln, welche in jeder erfolgreichen Unterhaltung beachtet werden sollten.

Gesprächsfolge

Fallen Sie nicht mit der Tür ins Haus, sondern denken Sie daran erst einmal Blickkontakt mit Ihrem ausgesuchten Gesprächspartner aufzubauen, welcher gemeinsam mit einem Lächeln Ihre Bereitschaft auf eine positive und ungezwungene Unterhaltung signalisiert. Reagiert Ihr Gegenüber darauf in dem er beispielsweise zurücklächelt und Ihren Blickkontakt erwidert so können Sie sich mit ihrem Namen und, bei beruflichem Smalltalk, eventuell mit Ihrem Titel oder Ihrer Abteilung vorstellen, um das Gespräch zu beginnen. Denken Sie daran gleich mit einem „Opener", einem Gesprächseröffner, den Smalltalk von Anfang an interessant für Ihr Gegenüber zu gestalten, bedenken Sie dabei jedoch dass es sich hierbei ausschließlich um belanglose Themen handeln sollte. Es mag wie ein abgedroschenes Klischee klingen, doch das Wetter ist ein beliebtes Thema um das Eis zu brechen und mit einem Fremden oder flüchtigen Bekannten ins Gespräch zu kommen. Scheuen Sie sich also nicht davor sich gewissen Klischees zu bedienen. Wichtig ist dabei, etwas anzusprechen, das Ihr Gesprächspartner verstehen kann, etwas mit dem er höchstwahrscheinlich vertraut ist und das Sie beide miteinander verbinden könnte. Beliebte Themen, neben dem Wetter, sind auch noch Fragen bezüglich der aktuellen Situation wie zum Beispiel:

„Die Musik hier im Hintergrund ist wirklich schön, wissen Sie zufällig wie der Interpret heißt?"

„Das 4-Gänge-Menü war wirklich ganz hervorragend, welchen Gang fanden Sie denn am besten?"

„Unglaublich wie viele Menschen heute Abend zusammengekommen sind, was hat Sie denn hierher geführt?"

Nach einer gekonnten Gesprächseröffnung, sollten Sie darauf achten dass Sie das Gespräch in Gang halten, stellen Sie hierzu gezielte Fragen und antworten Sie ausführlich auf die Fragen ihres Gegenübers. Bitte denken Sie daran dass Ihre Antworten nicht in einen endlosen Monolog übergehen sollen, welcher Ihren Gesprächspartner langweilen oder überfordern könnte. Sollten Sie merken dass Ihr Gegenüber das Interesse verliert, indem er sich im Raum umsieht oder auf sein Mobiltelefon schielt, so wechseln Sie entweder gekonnt das Thema oder beenden Sie die Unterhaltung respektvoll. Zudem sollten Sie Fachjargon und unübliche Fremdwörter vermeiden, diese könnten unter Umständen dazu führen dass Sie Ihren Gesprächsparten entblößen und als Besserwisser dastehen. Ausnahmen hierzu sind natürlich Gesprächspartner von denen Sie wissen, oder während des Gesprächs erfahren haben, dass sie über genauso viel Fachwissen wie Sie selbst verfügen und Sie somit problemlos verstehen werden.

Den Smalltalk galant und höflich zu beenden ist mindestens genauso wichtig wie den Selbigen zu beginnen, denn nicht nur der erste Eindruck zählt. Auch Ihr Abgang ist entscheidend, denn das ist das Letzte, an das sich Ihr Gesprächspartner im Nachhinein erinnern wird. Sorgen Sie also dafür, dass Sie in guter Erinnerung bleiben. Es gibt verschiedene Arten einen Smalltalk zu beenden, welche später noch detailliert erklärt werden. Im Allgemeinen ist jedoch zu beachten dass, egal ob Ihre Unterhaltung erfolgreich und aufregend oder zäh und langatmig verlaufen ist, Sie Ihren Gesprächspartner nie einfach stehenlassen sollten, indem Sie sich umdrehen oder beispielsweise ohne Überleitung ein neues Gespräch mit jemandem anderen beginnen. Dies stellt Ihr Gegenüber bloß und könnte in ihm ein Gefühl der Abneigung Ihnen gegenüber auslösen. Wichtig ist auch in Ihrem Abgang höflich, positiv und respektvoll zu sein.

Respekt und Interesse

Wie ich eben schon mehrfach betont habe, ist eine respektvolle Gesprächsführung und ehrliches Interesse am Gesprächspartner ein Muss für den erfolgreichen Smalltalk. Es ist dabei wichtig, ehrlich zu sein und das Interesse nicht zu heucheln, da unechtes Interesse leicht durchschaut werden kann und dies dazu führen könnte, dass Ihr Gesprächspartner Ihre Unterhaltung enttäuscht und gekränkt beenden wird. Stellen Sie viele offene Fragen, welche nicht nur mit „ja“ oder „nein“ beantwortet werden können. Diese geben Ihrem Gegenüber die Chance, etwas mehr über sich zu erzählen. Hier ist die Frage nach der beruflichen Tätigkeit oder speziellen Hobbies sehr beliebt. Widmen Sie der Antwort ihres

Gesprächspartners Ihre ungeteilte Aufmerksamkeit und zeigen Sie noch mehr Interesse mit genauerem Nachfragen, dies signalisiert dass Sie erstens zugehört haben und zweitens dass Sie an noch mehr Informationen interessiert sind. Sollte Ihr Gegenüber Ihnen auf bestimmte Fragen nur sehr langsam und zaghaft antworten ist dies ein Zeichen dafür, dass er nicht gerne über das von Ihnen gewählte Thema spricht. Ein schneller Themawechsel ist in dieser Situation von Nöten um ein abruptes Gesprächsende zu verhindern.

Vermeiden Sie es, die Antworten Ihres Gegenübers übermäßig zu wiederholen, auch wenn Sie denken dies würde Interesse signalisieren, es kommt bei Ihrem Gesprächspartner in der Regel eher gegenteilig an. Wiederholungen zeigen dass man keine neuen und eigenen Themen mehr zum Gespräch beitragen kann oder möchte, dass man meist nur noch halbherzig zuhört und das Interesse am Gespräch verloren hat. Besser ist es, die Antwort Ihres Gesprächspartners in einem zusammenfassenden Satz zu wiederholen und gleich noch mit einer weiteren Frage oder einer eigenen Erfahrung zu ergänzen. Dies gibt zu verstehen, dass man zugehört hat und auch mit seinen Gedanken ausschließlich im Gespräch steckt.

Achten Sie darauf Ihren Gesprächspartner stets respektvoll zu behandeln. Hierzu gehört unter anderem, dass Sie seine geäußerten Meinungen und Sichtweisen respektieren, auch wenn diese nicht unbedingt mit den Ihren übereinstimmen. Lassen Sie Ihr Gegenüber stets ausreden und fallen Sie ihm nicht ins Wort, auch wenn Sie glauben dass Sie wissen, wohin die Unterhaltung führt oder wie ein Satz beendet wird, geben Sie dem Gesprächspartner die nötige Zeit um es in seinen Worten auszudrücken.

Stellen Sie darüber hinaus möglichst keine persönlichen Fragen, die Ihren Gesprächspartner in Verlegenheit bringen könnten, auch wenn Sie Ihr Gegenüber vielleicht schon etwas näher kennen oder die Unterhaltung schon etwas länger dauert und privater wird. Wenn Sie beispielsweise von jemandem in der Kantine gehört haben dass der Abteilungsleiter gerade im Scheidungsprozess ist, so sprechen Sie dies nicht beim Smalltalk auf der Weihnachtsfeier an. Dies würde den belanglosen und unverbindlichen Charakter des Smalltalks sofort trüben. Generell spricht man heutzutage nicht mehr über den Familienstand oder die jeweiligen Partner, da dies oft komplizierte und private Hintergründe aufdecken kann und zu einer peinlichen Situation führt. Über die Kinder kann man sich jedoch gerne und sehr viel unterhalten, denn das ist für die meisten Menschen ein angenehmes Thema.

Auch wenn der Smalltalk eine ungezwungene und belanglose Unterhaltung darstellt, ist es kein automatisches Angebot Ihren Gesprächspartner zu Duzen. Wenn Sie Ihr Gegenüber noch nicht kennen und dieser möglicherweise auch noch eine höhere berufliche oder gesellschaftliche Position innehat, so achten Sie darauf, während Ihrer Unterhaltung beim „Sie“ zu bleiben. Das tun Sie solange, bis Ihnen das „Du“ angeboten wird. Im Allgemeinen gilt hier die Regel, dass der Ranghöhere dem Rangniedrigeren, der Dienstälteste dem Anfänger und der Ältere dem Jüngeren das Du anbieten kann - eine umgekehrte Handlung wird als unhöflich empfunden. Bitte behalten Sie auch im Hinterkopf, dass wenn Sie das „Du“ einmal angeboten haben, es keinen Weg zurück zum „Sie“ gibt. Überlegen Sie sich also bereits im Voraus gut, wem Sie das „Du“ wirklich anbieten möchten.

Positivität und Selbstbewusstsein

Während des Smalltalks ist Positivität sehr entscheidend, denn Ihre Einstellung zum Gespräch, zu

Ihrem Gesprächspartner und zur Thematik spiegelt sich in Ihrer Körpersprache und Ihrer Stimmlage wider. Es ist von immenser Wichtigkeit, von dem was Sie sagen überzeugt zu sein und auch ehrlich und aufrichtig daran interessiert zu sein. Ihr eigenes Selbstbewusstsein spielt dabei eine entscheidende Rolle, denn Menschen werden von selbstbewussten Personen geradezu angezogen und finden diese auf Anhieb sympathisch. Hierbei ist es allerdings wichtig nicht überheblich zu wirken, sondern lediglich selbstsicher im Erzählen und Zuhören.

Denken Sie daran dass Sie eine Unterhaltung nicht nur mit Ihren Worten führen, sondern auch mit Ihrem Gesicht und Ihrem ganzen Körper. Die Mimik und Gestik werden oft unterschätzt und das, obwohl sie einen erheblichen Einfluss auf die gesamte Unterhaltung haben. Wenn Sie ihr Gespräch mit einer offenen und positiven Einstellung führen, so sendet Ihre Körpersprache auch automatisch diese Signale aus und sorgt dafür, dass Sie von Ihrem Gegenüber als authentischer und selbstsicherer Gesprächspartner wahrgenommen werden.

Die wichtigsten Punkte, die bei der Körpersprache unbedingt beachtet werden

sollten

1. Nehmen Sie eine gerade aber nicht zu formelle Körperhaltung ein, ziehen Sie die Schultern leicht zurück und halten Sie den Kopf hoch, ähnlich der klassischen „Brust raus – Bauch rein“-Haltung. So strahlen Sie automatisch mehr Selbstsicherheit aus.

2. Die Hände sollten frei sein, auf keinen Fall in der Hosentasche verschwinden und die Arme sollten nicht vor dem Körper verschränkt sein.

3. Frauen sollten darauf achten, beim Sitzen unbedingt die Knie zusammen zu halten und auch im Stehen die Beine nicht zu sehr zu spreizen.

4. Zeigen Sie mit dem Finger nicht auf sich oder andere Personen und achten Sie darauf dass Ihre Worte mit passenden Gesten auf Höhe der Gürtellinie untermalt werden.

5. Halten Sie Blickkontakt mit Ihrem

Gesprächspartner und vergessen Sie nicht zu Lächeln.

Belanglose Thematik

Bei einem Smalltalk, sowie bei jeder anderen Unterhaltung, ist die Thematik ausschlaggebend, da diese größtenteils darüber entscheidet ob das Gespräch gut oder schlecht verläuft und ob ihr Gesprächspartner sich langweilt oder nicht. Es ist sehr wichtig, ein belangloses Thema für den Smalltalk zu wählen, welches leicht verständlich ist und zu einer unverfänglichen Unterhaltung einlädt. Die Wahl eines oberflächlichen Themas sorgt dafür dass während der gesamten Unterhaltung kein Erwartungsdruck aufgebaut wird, was wiederum die Atmosphäre sehr entspannt und dafür sorgt, dass das Gespräch Ihnen und Ihrem Gegenüber leichter von den Lippen gehen wird.

Themen welche sich anbieten sind zum Beispiel:

Das Wetter:

„Hoffentlich wird das Wetter bald besser..."

„Das Wetter heute passt eindeutig zu unserer

Veranstaltung...“

Grund des Treffens, Art der Veranstaltung:

„Engagieren Sie sich schon lange für diesen Zweck?“

„Wie fanden Sie denn den Vortrag über...?“

Musik im Hintergrund:

„Dieses Lied passt perfekt zur Atmosphäre hier“

„Sind Sie auch ein Fan von...?“

Das Essen:

„Wie hat Ihnen das Buffet geschmeckt?“

„Was hatten Sie aus dem Menü gewählt?“

Egal über welches Thema Sie reden, bleiben Sie zu jeder Zeit positiv und vermeiden Sie Nörgeleien, negative Kommentare oder gar Lästereien. Üben Sie auch keine Kritik an aktuellen Anlässen, wie zum Beispiel einer Rede welche auf der Veranstaltung, auf der Ihre Unterhaltung stattfindet, gehalten wurde. Denn wenn Sie mit Sätzen wie „Diese Rede war sehr unprofessionell, die Rednerin hat nur gestottert...“ Ihren Unmut zu Worte bringen, könnte es durchaus sein, dass Ihr Zuhörer eine enge Bekannte oder sogar Verwandte der Rednerin ist und somit durch Ihre Worte persönlich verletzt wird. Außerdem verbreiten Sie auf diese Weise eine negative Stimmung, was auch wieder negativ auf Sie und die Unterhaltung zurückfällt.

No Go's für Smalltalk

Wie Sie nun sicher schon einige Male gehört haben, gibt es einige Themen, die man im Smalltalk eher sein lassen sollte. Die drei größten Fettnäpfchen, in die Sie auf gar keinen Fall treten sollten, um das Gespräch erfolgreich am Laufen zu halten, sind diese:

Fettnäpfchen #1

Kritische Themen wie Politik, Religion, Geld, persönliche Probleme oder Gerüchte und Tratsch haben im Smalltalk nichts verloren.

Fettnäpfchen #2

Fremdwörter und „Besserwisserei“, es ist schön wenn jemand viel weiß doch bitte denken Sie daran dass Ihr Gegenüber in Ihrem Fachgebiet wahrscheinlich nicht so bewandert ist, deshalb vermeiden Sie Fremdwörter mit denen Sie Ihren Gesprächspartner schnell bloßstellen können.

Fettnäpfchen #3

Fragen die nur mit „Ja“ oder „Nein“ beantwortet werden können enden schnell in einem einseitigen und verhörartigen Gespräch. Viel besser sind offene Fragen, welche es Ihrem Gegenüber erlauben ausführlich zu antworten, wie zum Beispiel; „Was machen Sie denn genau in Ihrem Beruf?“.

KAPITEL 4

ÜBUNG MACHT DEN MEISTER

Niemand wird mit der Gabe geboren perfekten Smalltalk führen zu können. Die Kunst des Plauderns kann jedoch einfach und relativ schnell erlernt werden, je mehr Übung sie bekommen, desto sicherer werden Sie im Führen Ihrer zukünftigen Gespräche.

Um die Kunst der Unterhaltung zu erlernen eignet sich jede Situation in welcher Sie die Gelegenheit haben mit Ihnen fremden, oder nur flüchtig bekannten, Personen ins Gespräch zu kommen. Wichtig ist, dass Sie sich am Anfang einfache und unverfängliche Situationen aussuchen, so wird es Ihnen leichter fallen den Anfang zu machen und die Stille zu brechen. Nehmen Sie sich vor, jeden Tag mindestens eine Unterhaltung mit einem Fremden zu beginnen, viele Alltagssituationen eignen sich dazu perfekt. Achten Sie immer darauf, freundlich zu sein, Ihr Gegenüber anzulächeln und bevor Sie die Unterhaltung beginnen Blickkontakt aufzubauen und auch während des Gesprächs zu halten.

Um Ihre Smalltalk-Fähigkeiten zu verbessern, sollten Sie unbedingt diesem einfachen, aber äußerst effektiven 5-Tage-Trainingsplan durchlaufen:

Tag 1:

Nehmen Sie sich vor, ein Gespräch mit der Verkäuferin beim Bäcker oder im kleinen Einzelhandel zu beginnen. In den kleineren Läden, wie dem örtlichen Gemüsehändler, sind die Verkäufer oft darauf geschult durch den Smalltalk mit den Kunden die persönliche Marke des Geschäfts zu prägen, also eignet sich ein solcher Laden als Einstieg in die Übungsphase ganz besonders gut. Versuchen Sie den Smalltalk mit einer unverfänglichen Frage zu beginnen:

„Das Wetter heute lädt ja förmlich zum Faulenzen im Garten ein, ich hoffe Sie haben nach der Arbeit auch noch genug Zeit um die Sonne zu genießen?"

„Ist es nicht an der Zeit dass wir nach all dem Regen wieder etwas Sonnenschein bekommen?"

Achten Sie darauf dass Sie dabei freundlich sind und

Ihrem Gegenüber mit einem Lächeln signalisieren dass Sie aufrichtig an seiner Antwort interessiert sind und auch gerne auf eine eventuelle Gegenfrage antworten. Vergessen Sie auch hier den Blickkontakt nicht.

Sollte diese Übung nicht gleich am ersten Tag funktionieren, lassen Sie sich nicht entmutigen, sondern versuchen Sie es weiter.

Tag 2:

Beginnen Sie ein Gespräch mit einem Mitfahrer in der Bahn, dem Bus, der U-Bahn usw. Vielleicht nutzen Sie ja die öffentlichen Verkehrsmittel, um täglich zur Arbeit zu kommen. Versuchen Sie Ihre Pendler-Zeit für ein paar Gesprächsübungen zu nutzen. Als Alternative bietet sich an, einen Fremden, zum Beispiel in der alltäglichen Kantinen-Warteschlange, anzusprechen. Geeignete Eröffnungssätze für diese Situationen sind beispielsweise:

„Haben wir nicht ein Glück ohne Stau und Verkehrschaos in die Arbeit zu kommen?"

„Fahren Sie auch nach Musterstadt?“

„Für welches Gericht stehen Sie denn an?“

In den meisten Fällen wird es Sie erstaunen wie freundlich Ihre Mitmenschen reagieren und liebend gerne eine nette und belanglose Unterhaltung mit Ihnen führen. Sollte Ihnen Ihr Gegenüber jedoch signalisieren dass er an einem Gespräch nicht interessiert ist, so ziehen Sie sich höflich zurück und suchen Sie sich einen neuen Gesprächspartner. Ob Ihr Gegenüber gerade nicht an einer Unterhaltung mit Ihnen interessiert ist, merken sie an:

Einsilbigen Antworten oder auch das Antworten mit „ja“ und „nein“ auf von Ihnen gestellte offene Fragen.

Seine Körpersprache weist Sie ab indem beispielsweise seine Arme verschränkt sind und der Körper sich von Ihnen abwendet.

Der Blickkontakt mit Ihnen wird gemieden und Ihr Lächeln auch nicht erwidert.

Beziehen Sie dieses Verhalten nicht auf sich. Manche Menschen sind eben eher introvertiert und scheuen den Kontakt zur Außenwelt, während andere extrovertiert sind und sich über jeden Kontakt zu anderen Personen freuen. Lassen Sie sich nicht entmutigen, wenn Sie nicht direkt mit der ersten Person ins Gespräch kommen.

Tag 3:

Besuchen Sie einen öffentlichen Ort, an dem Sie garantiert anderen Menschen begegnen, wie zum Beispiel ein Museum, und beginnen Sie eine Unterhaltung mit einer fremden Person. Dazu können Sie spezifische Themen aus Ihrem Umfeld nutzen.

„Unglaublich wie diese Künstler damals solche beeindruckenden Statuen schaffen konnten, oder?“

„Sind sie ein Fan von [Name des Künstlers]?“

„Zieht es sie öfter hier her?“

Scheuen Sie keineswegs vor der letzten Frage zurück, auch wenn Sie meinen, dies sei ein typischer Versuch zu flirten. Erstens ist der Smalltalk gar nicht so viel anders als ein unverbindlicher Flirt und zweitens wird Ihre Gegenüber schnell merken dass Sie keinen Flirt sondern lediglich eine Unterhaltung beabsichtigen, eine zweideutige Gesprächseröffnung verspricht zwar eine garantierte Reaktion Ihres Gegenübers sollte jedoch auf formellen und beruflichen Veranstaltungen gemieden werden.

Tag 4:

Sprechen Sie jemanden an, den Sie fast täglich sehen, mit dem Sie aber normalerweise keine Gespräche führen. Dazu könnte zum Beispiel Ihr Post- oder Paketbote gehören, ein Nachbar oder ein Kollege, welchem Sie des Öfteren in der Kantine begegnen. Hier bietet es sich an, die gemeinsamen Begegnungen als Gesprächseröffner zu nutzen.

„Jetzt bringen Sie mir schon seit Jahren die Post und ich kenne nicht mal Ihren Namen, ich heiße [Fügen Sie

Ihren Namen ein].“

„In welchem Stockwerk wohnen Sie denn?“ (Zum Beispiel im Aufzug oder Hausflur)

„Ich weiß zwar dass Sie Ihren Kaffee gerne schwarz trinken, aber nicht wo Sie hier tätig sind. In welcher Abteilung sind Sie denn beschäftigt?“

Sie werden merken, dass wenn das Eis mit diesen Personen einmal gebrochen ist, ein nettes Gespräch in regelmäßigen Abständen stattfinden wird. Dies verschafft Ihnen gleichzeitig viele Übungsmöglichkeiten in der Zukunft und wird Ihrem kommunikativen Selbstbewusstsein einen gewaltigen Schub verpassen.

Tag 5:

Suchen Sie sich einen Gesprächspartner, der das Gesprächsthema „am Leib trägt“, wie zum Beispiel ein Mobiltelefon oder Handschuhe. Diese Übung kann sich gerne mit einer der anderen Übungen überschneiden und ist zudem ortsunabhängig. Ziehen Sie den Smalltalk gleich von Anfang an auf das Objekt welches Sie ausgewählt haben.

„Sind Sie mit dem neuen IPhone zufrieden? Ich halte schon lange Ausschau nach einem neuen Smartphone."

„Die Handschuhe sehen wirklich schön warm aus, wo haben Sie die denn her?"

„Mir gefällt Ihre Jacke. Von welcher Marke ist die denn? So eine suche ich nämlich schon seit längerem..."

Die Herausforderung bei dieser Übung ist es, eine Unterhaltung auch nach Beantwortung der ersten Frage aufrechtzuerhalten, denn in den meisten Fällen werden Sie merken dass Ihr Gesprächspartner Ihnen zwar bereitwillig antwortet aber Ihnen weder eine Gegenfrage noch weiteres Gesprächsmaterial liefert. Es bietet sich also an, sich vor Gesprächsbeginn noch ein oder zwei weitere Fragen zu überlegen, sodass Ihr Gegenüber in ein längeres Gespräch verwickelt wird und sich vielleicht auch mit einigen Gegenfragen daran beteiligt. Für unsere oben genannten Beispiele könnten weitere Fragen zum Beispiel so aussehen:

„Welchen Netzanbieter nutzen Sie denn und wie sind Sie mit der Netzabdeckung zufrieden?"

„Ich benutze mein Mobiltelefon überwiegend für E-Mails, wie schlägt sich das Modell denn in diesem Bereich?"

„Aus welchem Material sind die Handschuhe denn hergestellt?"

Dieser 5 Tage Übungsplan kann natürlich willkürlich wiederholt oder von Ihnen individuell geändert werden. Wichtig ist jedoch, dass Sie so oft und so viel wie möglich üben, um die Kunst des Smalltalks zu erlernen. Nur Übung wird Sie hier wirklich weiterbringen, auch wenn es Sie anfangs wahrscheinlich große Überwindung kosten wird.

KAPITEL 5

DER GESPRÄCHSEINSTIEG

Bei jedem Gespräch gibt es einen entscheidenden Moment, der darüber bestimmt, wie der weitere Gesprächsverlauf stattfindet –der Gesprächseinstieg. Der Auftakt der Unterhaltung ist Ihre Visitenkarte, der erste Eindruck, welcher zählt und welcher möglichst in guter Erinnerung bleiben soll.

Bei dem ersten Eindruck ist es wichtig dass Sie Ihr Gegenüber auf Anhieb in jeder Hinsicht überzeugen. Es gilt, die Sympathie und vor allem das Interesse des Gesprächspartners zu wecken. Dabei ist es wichtig, zu beachten, dass die eigentlichen Worte welche Sie dabei wählen nur 7 % des Gesamteindrucks ausmachen, die restlichen 93 % ergeben sich aus Ihrem Tonfall und der Mimik und Gestik, demnach ist ein positives und selbstbewusstes Auftreten unverzichtbar.

Beherzigen Sie die folgenden Tipps um Authentizität, Positivität und Selbstsicherheit auszustrahlen, was auch dazu führt Ihre Hemmungen zu überwinden. Je selbstsicherer Sie sind, desto leichter wird Ihnen der Gesprächsbeginn fallen. Sollten Sie dennoch eine anfängliche Nervosität verspüren, so stellen Sie sich vor Gesprächsbeginn die Frage „Was soll den passieren?“, Sie werden merken dass Sie dabei ruhiger werden, denn die Antwort ist offensichtlich „Nichts.“ Und vor allem wenn Sie sich vor Augen führen dass Sie nichts zu verlieren haben, im besten Fall gewinnen Sie einen neuen Bekannten oder vielleicht sogar einen Freund und im schlimmsten Fall ist alles genauso wie vorher. Sie können also nur gewinnen.

Ausstrahlungstipp #1

Stehen Sie positiv hinter Ihrem Gespräch und seien Sie bei der Sache, denn Ihr Gegenüber wird es merken wenn Sie mit Ihren Gedanken ganz woanders sind. Er wird dann schnell das Interesse verlieren. Bleiben Sie positiv, denn das überträgt sich automatisch auf Ihre Ausstrahlung und ist mitunter ansteckend. Das wichtigste äußerliche Merkmal hierbei ist das Lächeln und ein freundlicher Gesichtsausdruck.

Ausstrahlungstipp #2

Blickkontakt ist der erste Kontakt mit dem ein Smalltalk beginnen kann. Achten Sie darauf, dass Sie

Augenkontakt aufnehmen, bevor Sie Ihre Unterhaltung beginnen. Dies signalisiert Ihrem Gegenüber „Ich möchte mich gerne mit Dir austauschen". Ihr Gesprächspartner erwartet demnach Ihre Ansprache und nimmt diese automatisch positiver auf.

Ausstrahlungstipp #3

Beachten Sie Ihre Gestik. Diese sollte Ihre Worte untermalen und nicht in einem Nervösen herumfuchteln ausarten. Wenn Sie dazu tendieren Ihren Händen im Gespräch freien Lauf zu lassen so verschränken Sie diese bewusst hinter dem Rücken, vermeiden Sie es die Arme vor der Brust zu verschränken, da dies eine Abwehrhaltung signalisiert. Besser jedoch ist es eine ruhige und beständige Gestik vor dem Spiegel zu proben. Für die ersten Versuche im Gespräch können Sie auch eine Tasche mitnehmen an welcher Sie sich dann festhalten können bis sie sicherer mit Ihren Händen umgehen.

Ausstrahlungstipp #4

Auch der Tonfall und die Art und Weise wie Sie sprechen sendet verschiedene Gesprächssignale. Bemühen Sie sich, ruhig und in einem normalen Tempo zu erzählen. Lassen Sie sich nicht von Ihrer Nervosität antreiben, denn das führt oft zu einem Redeschwall ohne Punkt und Komma, welcher Ihr Gegenüber schnell abschrecken wird. Versuchen Sie Ihren Tonfall gleichmäßig und passend zu halten und Ihre Sätze nach üblicher Art und Weise zu betonen, vermeiden Sie jedoch theatralische Überbetonung, denn das wirkt unecht und lässt Sie schnell an Glaubwürdigkeit verlieren. Natürlichkeit wirkt immer am sympathischsten.

Doch auch wenn die Worte nur sekundär sind, ist es dennoch entscheidend, welchen Eröffnungssatz Sie auswählen. Wichtig dabei ist, dass er zur individuellen Situation passt und zu einer belanglosen Unterhaltung, ohne jeglichen Erwartungsdruck, einlädt. Stellen Sie sich vorher die Frage was Sie persönlich von Ihrer Unterhaltung erwarten. Möchten Sie beispielsweise Anschluss im neuen Job finden, Ihren Boss besser kennenlernen, neue Freundschaften knüpfen oder Eindruck bei den Schwiegereltern schinden? Ihr Gesprächseinstieg hängt direkt von Ihrer Absicht ab. Überlegen Sie sich demnach genau, welches Bild Ihre neuen Kollegen oder Ihr Vorgesetzter von Ihnen haben sollen und entscheiden Sie dann, wie Sie das Gespräch am besten beginnen. Im Folgenden gebe ich Ihnen ein paar Beispiele zur Anregung:

Neue Bekanntschaften am Arbeitsplatz/Kontakt zum Vorgesetzten

„Haben Sie die neue Kaffeemaschine schon ausprobiert?“

„Haben Sie vielleicht einen Geheimtipp für die Mittagspause für mich?“

„Sind Sie schon lange hier beschäftigt?“

„In welcher Abteilung sind Sie tätig?“

„Gibt es hier einen Coffee Shop in der Nähe?“

„Wie lange managen Sie denn das Team schon?“

Neue Bekanntschaften in der Freizeit/Hobby/Verein

„Wie sind Sie denn auf unseren Verein gekommen?"

„Wie lange spielen/machen Sie denn schon [Hobby]?"

„Waren Sie schon öfter hier?"

„Können Sie mir bitte ein wenig beschreiben wie das hier abläuft?"

„Was machen Sie denn neben [Hobby/Verein] noch so?"

„Gibt es hier in der Gegend noch viele [Hobby] Interessenten/Vereine?"

„Was machen Sie beruflich?"

Neue Kontakte welche man regelmäßig treffen wird (Nachbarn, Schwiegereltern)

„Die Blumen in Ihrem Vorgarten sind wunderschön, was sind das denn für welche?"

„Ich bewundere Ihre Kunstwerke/Statuen/Bilder/etc. Von welchem Künstler sind die denn?"

„Schön haben Sie es hier, wie lange wohnen Sie denn

schon in diesem Haus?"

„Ich sehe, Sie haben eine [Pflanzenart] im Garten die in voller Blüte steht. Wie pflegen Sie diese denn?"

Neue Kontakte auf einer beruflichen oder privaten Veranstaltung

„Was führt Sie zu dieser Veranstaltung?"

„In welcher Beziehung stehen Sie zum Gastgeber?

„Was ist Ihre Meinung zu [aktuelle Nachrichten]?"

„Hatten Sie heute eine weite Anreise?"

„Wie hat Ihnen das Essen geschmeckt?"

Wenn der Gesprächseinstieg erfolgreich geschafft ist dann ist es im Anschluss wichtig, die Unterhaltung aufrecht zu erhalten. Wie das gelingt, erfahren Sie im nächsten Kapitel.

KAPITEL 6

DER GESPRÄCHSVERLAUF

Während es beim Gesprächseinstieg auf die richtige Frage ankommt, so ist die passende Antwort im Verlauf der Unterhaltung ausschlaggebend darüber, ob das Gespräch flüssig verläuft oder ob es schnell ins Stocken kommt und schließlich beide Gesprächspartner das Interesse daran verlieren.

Es ist also sehr hilfreich, wenn Sie sich schon im Voraus passende Antworten auf gängige Smalltalk-Fragen überlegen und diese parat haben. Setzen Sie sich ruhig hin und überlegen Sie sich eine Antwort auf alle im Ratgeber genannten Beispielfragen. Achten Sie darauf Ihre Antworten kurz, einprägsam und leicht verständlich zu formulieren und versuchen Sie mit ihrem Inhalt weitere Fragen bei Ihrem Gesprächspartner auszulösen. Die Kunst des erfolgreichen Smalltalks liegt darin die richtigen Fragen zu stellen und mit seinen eigenen Antworten neue Fragen hervorzurufen, somit ist eine rege Gesprächsbeteiligung garantiert und die Unterhaltung wird flüssig und erfolgreich.

Um den Smalltalk aufrecht zu erhalten zeigen Sie

gleichbleibendes und ehrliches Interesse an allem was Ihre Gegenüber zu sagen hat, stellen Sie fragen zu den angesprochenen Themen und achten Sie darauf, auch beim Zuhören Blickkontakt zu halten und somit zu signalisieren, dass Sie aufrichtig am Gespräch beteiligt sind. Vermeiden Sie es, abwesend zu wirken. Auch wenn Sie das Interesse verlieren sollten, gilt es trotzdem aus Höflichkeit, das eigene Interesse auf die Unterhaltung zu lenken, solange bis man sich elegant und freundlich aus dem Gespräch verabschieden kann.

Achten Sie darauf Ihrem Gesprächspartner nicht zu sehr auf die Pelle zu rücken, eine gewisse Distanz sollte gerade beim Smalltalk eingehalten werden. Im Allgemeinen gelten hier folgende Regeln:

Distanzregel #1

Die Intimzone einer jeden Person ist in etwa der Raum einer Armeslänge, dies bildet den Mindestabstand der bei jedem Gespräch mit einer fremden Person eingehalten werden sollte.

Distanzregel #2

Der daran anschließende Bereich wird „persönliche

Distanz" genannt und ist der Raum in welchem Sie sich während des Smalltalks befinden. Mit einer Länge von etwa zwei Armlängen ist diese Distanz ideal um Hände zu schütteln und neue Bekanntschaften zu knüpfen.

Distanzregel #3

Wenn Sie Ihrem Gegenüber also zur Begrüßung die Hand geben dann achten Sie dabei darauf auf welche Distanz Sie sich dazu nähern müssen und behalten Sie diesen Abstand während des ganzen Gesprächs bei.

Versuchen Sie während der ersten paar Sätze Gemeinsamkeiten mit Ihrem Gesprächspartner zu finden, vielleicht ein gemeinsames Hobby oder gemeinsame Vorlieben wie zum Beispiel dass sie beide Vegetarier sind. Nutzen Sie diese gemeinsamen Interessen, um den weiteren Gesprächsverlauf darauf aufzubauen. Scheuen Sie sich hier nicht, auch etwas detaillierter nachzufragen und Ihr eigenes Wissen ein wenig zur Schau zu stellen, denn schließlich kennen Sie sich beide auf dem Gebiet aus. Untenstehende Beispielfragen regen zu einem intensiveren Gespräch an.

„Ich esse auch kein Fleisch, wie lange sind Sie denn schon Vegetarier und warum haben Sie sich dazu entschieden?"

„In meiner Jugend habe ich auch Fußball gespielt, spielen Sie in einem Verein? / Welche Position spielen Sie?"

„Ich bin auch sehr an Kunst interessiert, welche Epoche bevorzugen Sie? / Welcher Stil gefällt Ihnen am besten? / Welcher Künstler hat es Ihnen angetan?"

„Ich spiele schon seit 10 Jahren Gitarre, spielen Sie selbst Akustik oder Elektro?"

Ein weiterer guter und einfacher Weg, das Gespräch aufrecht zu erhalten, ist die sogenannte „Assoziations-Methode". Diese Methode bedient sich einfachen Assoziationen, um das Gespräch zu lenken. Sie werden merken, dass Ihr Gespräch dann wie von selbst läuft. Eine Assoziationskette kann beispielsweise wie folgt aussehen:

Wetter – Sonne – Sommer – Urlaub – Griechenland – griechisches Essen – Kochen – Rezepte – Wein – Spanien – Real Madrid – Fußball – Bayern – Berge...

Wenn man sich im Voraus schon mehrere Assoziationsketten zurecht legt, dann wird einem fast nie der Gesprächsstoff ausgehen. Es gilt hier aber auch zu improvisieren und nicht stur an Ihrer Kette festzuhalten. Geben Sie Ihrem Gegenüber die Chance auch das ein oder andere Thema mit einzubringen und reagieren Sie gekonnt mit einer neuen Assoziation, dies wird einen regen Gesprächsaustausch garantieren. Mit der Zeit werden Sie hier sicher etwas Übung bekommen und können auch weiter von Ihren Assoziationsketten abweichen. Sie dienen dann lediglich als roter Faden für das Gespräch.

Bitte beachten Sie jedoch immer die Reaktion Ihres Gegenübers und wechseln Sie das Thema sobald sie ein Anzeichen von Langeweile beobachten.

Die folgenden Anzeichen weisen darauf hin, dass Ihr Gesprächspartner das Interesse verloren hat:

Der Gesprächspartner schaut sich im Raum um

Wenn Sie merken, dass Ihr Gegenüber den Blickkontakt oft unterbricht, um sich im Raum umzusehen, ist das höchstwahrscheinlich ein Zeichen dafür, dass er nach einer Möglichkeit Ausschau hält, um sich zu verabschieden.

Der Gesprächspartner schaut auf die Uhr / das Mobiltelefon

Oft nutzen Menschen den Blick auf die Uhr oder das Mobiltelefon, um sich aus einer Unterhaltung zu verabschieden.

Der Gesprächspartner wiederholt nur noch Bruchstücke von dem was Sie erzählen

Wenn Ihr Gegenüber nur noch die letzten Worte wiederholt, die er gehört hat, dann ist das ein eindeutiges Zeichen dafür, dass er mit seinen Gedanken bereits ganz woanders ist.

Der Gesprächspartner antwortet nur noch einsilbig ohne Gegenfragen zu stellen

Dies ist ein Zeichen, dass Ihr Gegenüber an keiner weiteren Unterhaltung mehr interessiert ist und sich nur noch halbherzig und aus Höflichkeit mit Ihnen aufhält.

Der Gesprächspartner wendet sich von Ihnen ab

Die Körpersprache sagt mehr als viele Worte und wenn Sie bemerken dass sich Ihr Gegenüber von Ihnen abwendet, dann bedeutet das, dass er auf der Suche nach einer neuen Unterhaltung ist.

Wenn Sie das Gefühl haben, dass sich Ihr Gegenüber langweilt, so versuchen Sie das Thema zu wechseln, um ein peinliches Gesprächsende zu vermeiden. Beginnen Sie den Themawechsel wieder unverfänglich mit einer Frage und geben Sie so Ihrem Gesprächspartner die Möglichkeit ein für ihn interessantes Thema zu wählen. Wenn wirklich nichts mehr geht ist auch der geschickte Ausstieg aus dem Gespräch eine gute Option. Um diese Möglichkeit kümmern wir uns im nächsten Kapitel.

KAPITEL 7

DAS GESPRÄCH BEENDEN

Irgendwann wird auch die beste Unterhaltung zu Ende gehen, in den meisten Fällen passiert das ganz ungezwungen und automatisch. Jedoch wird es Situationen geben, in denen Sie sich von Ihrem Gegenüber verabschieden möchten, dieser aber immer noch hohes Interesse an Ihrer Unterhaltung signalisiert. In diesen Fällen gilt es jedoch, weiterhin freundlich zu bleiben und das Gespräch höflich und respektvoll zu beenden. Lassen Sie Ihr Gegenüber auf keinen Fall einfach stehen. Folgende Tipps helfen Ihnen zu einem galanten Gesprächsausstieg:

„Entschuldigen Sie mich bitte, aber ich sehe gerade Herrn/Frau [Name der Person] mit denen ich gerne noch sprechen wollte. Es freut mich wirklich sehr, Sie kennengelernt zu haben..."

Das Entschuldigen ist die einfachste Methode, um einen Smalltalk zu beenden. Verabschieden Sie sich aber erst, nachdem Sie schon ein paar Sätze gewechselt haben und nennen Sie den konkreten Namen der Person mit der Sie sich als nächstes unterhalten möchten.

„Es hat mich wirklich gefreut Sie kennenzulernen und ich würde mich freuen wenn wir bald wieder miteinander sprechen. Geben Sie mir doch einfach mal Ihre Handynummer."

Mit diesem Ausstieg signalisieren Sie, dass Sie es bedauern, nicht mehr Zeit zur Verfügung zu haben, um mit Ihrem Gegenüber zu plaudern, die Unterhaltung jedoch genossen haben. Um plausibel und glaubwürdig zu wirken, fragen Sie Ihren Gesprächspartner noch nach seinen Kontaktdaten, oder geben Sie ihm Ihre Visitenkarte beim Abschied. Bitte verwenden Sie diese Methode nur, wenn Sie auch wirklich an einer weiteren Unterhaltung interessiert sind.

„Da kommt gerade Herr/Frau [Name der Person], die ich Ihnen gerne vorstellen würde, er/sie spielt auch gerne Golf.“

Eine der elegantesten Methoden sich aus einem Gespräch zu verabschieden ist, seinem Gegenüber einen alternativen Gesprächspartner vorzustellen. Am besten finden Sie jemanden, von dem Sie wissen, dass er Gemeinsamkeiten mit Ihrem Gegenüber hat und lassen Sie diese gleich in die Vorstellung mit einfließen (sowie die Bemerkung dass beide gerne Golf spielen in obigem Beispiel). Somit präsentieren Sie auch gleich ein Gesprächsthema und können sich guten Gewissens einem neuen Gesprächspartner zuwenden.

„Ich denke es wird von uns erwartet auf dieser Veranstaltung zu zirkulieren. Auf Wiedersehen!“

Auch wenn diese Verabschiedung sehr abrupt klingt ist sie doch ein Klassiker. In den meisten Fällen, je nachdem welche Rolle Sie auf einer Veranstaltung spielen, wird von Ihnen unter Umständen erwartet, mit mehreren Menschen einige Minuten zu plaudern.

Demnach wird dieser Gesprächsausstieg auch meistens ohne Zweifel akzeptiert.

KAPITEL 8

UNTERHALTUNGSKUNST PERFEKTIONIEREN

Wenn Sie die ersten Smalltalks erfolgreich hinter sich gebracht haben und Sie schon etwas sicherer in ein Gespräch einsteigen können, dann bietet es sich an, Ihre Übung etwas auszubauen, um bei jeder Übung etwas dazuzulernen und Ihre Unterhaltungskunst somit zu perfektionieren.

Eine gute Methode dies auszuführen ist es, sich einen Spickzettel zu schreiben und sich diesen vor jedem Smalltalk einmal kurz durchzulesen. Versuchen Sie, sich die einzelnen Stichpunkte zu verinnerlichen und achten Sie während Ihrem Gespräch darauf, die Punkte auf Ihrem Merkzettel auch umzusetzen. Am besten ist es, wenn Sie sich Ihren ganz persönlichen Spickzettel schreiben und gerade Ihre Schwachpunkte detailliert darauf vermerken. Ein guter Merkzettel könnte zum Beispiel folgendermaßen aussehen:

Smalltalk Spickzettel

Bevor ich meine Unterhaltung beginne baue ich

Blickkontakt auf und schenke meinem Gegenüber ein Lächeln, um eine positive Atmosphäre zu schaffen.

Geeignete Gesprächsthemen:

Belangloses

Das Wetter

Die Musik

Etwas Situationsbedingtes

Örtliche Gegebenheiten

Ungeeignete Gesprächsthemen:

Religion

Politik

Persönliche Probleme

Geld

Um echtes Interesse zu zeigen, stelle ich gezielte

Fragen und höre meinem Gegenüber zu.

Ich stelle offene Fragen, welche nicht nur mit „ja" oder „nein" beantwortet werden können.

Ich versuche Gemeinsamkeiten mit meinem Gesprächspartner zu finden und baue mein weiteres Gespräch darauf auf.

Ich denke an meine Körpersprache

Dem Gegenüber stets zugewandt sein

Blickkontakt halten

Lächeln

Hände nicht vor dem Körper verschränken

Ich behalte eine positive Einstellung gegenüber der Unterhaltung, auch wenn diese anders verläuft als erwünscht

Ich begegne meinem Gegenüber stets höflich und respektvoll

Mein Ausstieg aus dem Gespräch fällt freundlich und galant aus

Natürlich werden Sie es gerade am Anfang nicht immer schaffen jeden einzelnen Punkt in jedem Gespräch umzusetzen, jedoch sollte genau das ihr Ziel sein. Je mehr Sie das üben, desto besser werden Sie, bis Sie irgendwann auch völlig ohne Spickzettel aus der Situation heraus auf geeignete Themen kommen.

Nach jedem Smalltalk oder auch am Ende eines Tages, an dem Sie viele Unterhaltungen geführt haben, sollten Sie jedes der Gespräche nochmals gedanklich durchgehen und anhand Ihrer Merkliste reflektieren, welche Punkte Sie gut umsetzen konnten und welche Bereiche noch intensiver geübt werden müssen. Sollten Sie nach einer Weile eine Tendenz erkennen können, empfiehlt es sich, Ihre Schwachpunkte nochmals genauer zu behandeln. Sollten Sie beispielsweise erkennen, dass Sie immer wieder Probleme haben, eine geeignete Einstiegsfrage zu finden, so empfiehlt es sich, Ihren Spickzettel umzuschreiben und einige Beispielfragen mit aufzuschreiben. Ihren Spickzettel sollten Sie regelmäßig überholen und die Stichpunkte weglassen, in welchen Sie sich sicher fühlen, dies wird dazu führen dass Sie innerhalb von wenigen Monaten keinen Spickzettel mehr benötigen und Sie Ihre Fähigkeit, Smalltalk zu führen, perfektioniert haben.

KAPITEL 9

SIE SIND DRAN!

Sie haben nun alles über Smalltalk gelernt, was auch schon vielen andern dabei geholfen hat, Ängste und Hemmungen zu überwinden und Smalltalk richtig anzuwenden. Es liegt nun an Ihnen, das Gelernte auch in die Tat umzusetzen. Nur wenn Sie auch wirklich üben, können Sie Ihre Smalltalk-Fähigkeiten wirklich verbessern.

Natürlich handelt es sich hierbei um einen Prozess. Solch eine Fähigkeit kann man nicht von einem Tag auf den anderen lernen, doch wenn Sie jetzt nicht den ersten Schritt machen, wird sich an Ihrer aktuellen Situation auch nie etwas ändern. Sie werden nie lernen, wie Sie Smalltalk für sich nutzen und wie Sie ganz einfach Leute von sich überzeugen können, wenn Sie nicht jetzt damit anfangen, Ihre Smalltalk-Fähigkeiten zu trainieren. Nehmen Sie es selbst in die Hand und werden Sie aktiv!

Ich hoffe sehr, dass ich Ihr Leben mit den Tipps, die

ich Ihnen in diesem Buch gegeben habe, verbessern konnte und würde mich, wenn Ihnen das Buch gefallen hat, sehr über eine Rezension auf Amazon freuen.

Ich wünsche Ihnen viel Erfolg bei Ihrer nächsten Plauderei! Üben Sie fleißig und entscheiden Sie die nächsten Gespräche für sich. Ich weiß, dass Sie es schaffen können, genauso wie viele vor Menschen vor Ihnen!

Felix König

DIESES BUCH KÖNNTE IHNEN AUCH GEFALLEN

Folgen Sie einfach dem Link, um mehr über dieses Buch zu erfahren: **http://amzn.to/1JG0TF6**

KAPITEL 1

SCHLAGFERTIGKEIT KANN MAN LERNEN

Hallo ich heiße Felix König und als allererstes möchte ich mich bei Ihnen dafür bedanken, dass Sie „Schlagfertigkeit trainieren: Wie Sie unter Stress richtig argumentieren und wortgewandt kontern, damit Sie nie wieder sprachlos sind“ gekauft haben.

Schlagfertigkeit ist ein Zeichen von Souveränität und Intelligenz, aber auch von Spontaneität und Kreativität, da die antwortende Person ja meistens nicht im Vorfeld wissen kann, was jemand sagt und deshalb keine passenden Antworten bereithalten kann. Da es von Situation zu Situation Unterschiede gibt und man keine starren Abläufe oder Gesprächsverläufe vorplanen kann, gilt die Schlagfertigkeit prinzipiell als eine Fähigkeit, mit der Menschen geboren werden. Doch die Kunst der verbalen Selbstverteidigung kann man auch üben – es ist nur eine Frage der richtigen Methodik.

Wer kennt diese Situationen nicht: Jemand redet einen blöd an und man möchte das so nicht auf sich sitzen lassen. Es fehlen jedoch die richtigen Worte, um die

Aussage des anderen zu entkräften und die Lage für sich zu klären. Stattdessen steht man da, und stammelt im besten Fall noch ein paar Dinge vor sich hin, die niemanden wirklich beeindrucken – im Gegenteil, sie machen das Ganze oft sogar noch schlimmer. Die Gelegenheit zum Kontern ist dahin und plötzlich sprudeln nur so die guten Ideen hervor. Nur leider viel zu spät, um sie zu verwenden. So kann einen ein blöder Spruch schon auch mal einen Tag lang beschäftigen und einem die ein oder andere schlaflose Nacht bescheren. Gedanklich geht man die Situation immer und immer wieder durch und denkt sich Dinge wie: „Hätte ich dem blöden A**** doch bloß ... gesagt!".

Genau diesem Problem wollen wir uns in diesem Buch gemeinsam annehmen. Sie werden lernen, wie Sie Ihre Schlagfertigkeit verbessern können, damit Ihnen nie wieder die richtigen Worte fehlen. In diesem Buch werde ich Ihnen Schritt für Schritt erklären, wie Sie auf überraschende Aussagen oder Fragen mit der passenden Antwort reagieren können, um unerwartete Situationen für sich zu entscheiden. Sie werden, wenn Sie das in diesem Buch beschriebene Training absolvieren, jederzeit „bereit zum Gegenschlag" sein, wenn Ihr Gegenüber Sie zum Wortduell auffordert.

Von der richtigen Vorbereitung auf den verbalen Schlagabtausch, bis hin zur Anwendung in der Praxis, werden Sie alles lernen, was Sie brauchen, um endlich keine Angst mehr vor solchen Angriffen und der damit verbunden Bloßstellung haben zu müssen. Sie werden sich sicherer fühlen und jede Konversation zum Positiven wenden können.

Dabei möchte ich Ihnen in erster Linie praktisch umsetzbare Ratschläge liefern und keine theoretische Abhandlung, die Sie nur mit großer Mühe auf Ihre eigene Situation anwenden können. Es handelt sich hierbei um Tipps, welche allesamt aus meiner persönlichen Erfahrung stammen. Ich gebe Ihnen nur das weiter, was auch mir und vielen anderen dabei geholfen hat, schlagfertiger zu werden und ohne Angst vor Konflikten oder Bloßstellung Gespräche einzugehen, deren Ausgang unbekannt ist. Ich bin mir sicher, dass auch Sie mit der beschriebenen Vorgehensweise tolle Erfolge erzielen können. Behalten Sie in Zukunft ganz einfach die Kontrolle über das Gespräch.

Lassen Sie uns im folgenden Kapitel zuerst einmal die wichtigsten Mythen zum Thema Schlagfertigkeit klären, damit Sie sich nicht, wie ich zu Anfang, von falschen Annahmen leiten lassen, die Ihrem Erfolg nur im Weg stehen.

KAPITEL 2

MYTHEN ÜBER SCHLAGFERTIGKEIT UND WAS SIE DAVON HALTEN SOLLTEN

Es sind eine ganze Menge Mythen über Schlagfertigkeit im Umlauf. Diese können einen schnell auf den falschen Pfad leiten und einem somit auch die eigenen Fortschritte bremsen. Damit Sie nicht in eine der Fallen tappen, möchte ich Ihnen hier die 7 wichtigsten Mythen über Schlagfertigkeit vorstellen und erklären, was es damit auf sich hat.

1) Schlagfertigkeit ist eine Waffe

Diese Aussage ist falsch! Schlagfertigkeit ist – wenn überhaupt – ein rhetorisches Mittel, um sich in einem Gespräch zu behaupten. Sie dient dazu, sich nicht von etwas Gesagtem überrumpeln oder aus der Bahn werfen zu lassen. Die Annahme, dass man Schlagfertigkeit einzig dazu verwenden muss, um ein Gespräch zu „gewinnen", ist darum ebenso falsch, da es bei einer Unterhaltung – egal welcher Art – nicht darum gehen soll, einen verbalen Sieg oder eine Niederlage einzufahren. Es geht in erster Linie darum, überhaupt auf Aussagen oder Fragen eine Reaktion zu erbringen und im besten Fall durch seine eigene Antwort einen positiven Eindruck zu hinterlassen.

2) Schlagfertigkeit als „Matchball“

Eine Unterhaltung lässt sich oft wie eine Partie Tennis vergleichen: der erste Sprecher hat Aufschlag, der zweite Sprecher muss den Ball (also das Gesagte) aufnehmen und zurück „schlagen“. Allerdings ist es nicht immer notwendig, mit einer schlagfertigen Antwort sein Gegenüber mundtot zu machen oder ein Gespräch mit einer schmetternden Aussage, also einem Matchball, zu beenden. Es geht oft eher darum, seinem Gesprächspartner den Ball zurück zu spielen und so eine Unterhaltung überhaupt aufzubauen oder sie am Laufen zu halten.

3) Aggressives Antworten

Von Trainern für Schlagfertigkeit, die ihren Kunden in Seminaren die Schlagfertigkeit beibringen wollen, hört man oft, dass man bereits schlagfertig ist, wenn man aggressiv vorgeht und seine Antwort so unübertrefflich formuliert, dass darauf einfach nichts mehr erwidert werden kann. Aber auch hier zeigt sich, dass die Schlagfertigkeit missverstanden wird. Denn wenn man auf jede Frage oder Aussage – selbst auf die harmlosesten – mit einem Paukenschlag von einer Antwort reagiert, dann führt das zwangsläufig nur zu einem: Niemand will mehr mit einem reden!

...

Folgen Sie einfach dem Link, um mehr über dieses Buch zu erfahren: **http://amzn.to/1JG0TF6**

5508035R10043

Printed in Germany
by Amazon Distribution
GmbH, Leipzig